Du même Auteur

Etre Soi-même. Genève: Poésie Vivante, 1967.
Rule of Life. Geneva: Poésie Vivante, 1969.
Lightning. New York: Vantage Press 1970.
Reflections/Réflexions. Bloomington, IN: AuthorHouse, 2004.
(Divers textes en Anglais, Français, et Arabe)
A Speech to the Arab Nation. The East/theWest/the Arabs: Yesterday, Today and Tomorrow, and Related Writings. Bloomington, IN: AuthorHouse, 2007. (Texte uniquement en Arabe)
To Be Oneself: The Tragicomedy of an Unfinished Life History. Bloomington, IN: AuthorHouse, 2008.

Matérials d'enseignement de la langue arabe

Arabic Language Course, Part One/Cours de langue arabe, 1ère partie. 2nd ed. Genève: Poésie Vivante, 1979.
Arabic Language Course, Part Two/Cours de langue arabe, 2ème partie. Geneva: L'Auteur, 1979.
Arabic Grammar/Grammaire arabe. Genève: L'Auteur, 1979.
Arabic Elementary Course, Volume One/Cours élémentaire de langue arabe, volume 1. Genève: L'Auteur/Poésie Vivante, 1982.
Arabic Elementary Course, Volume II (Annexes)/Cours élémentaire de langue arabe, volume II (annexes). Genève: L'Auteur/Poésie Vivante, 1983.
Handwriting Exercise Book/Cahier d'écriture. Genève: L'Auteur, 1984.
Dialogues Textbook I: Words of Everyday Use/Manuel de dialogues I: vocabulaire courant. Genève: Institut d'enseignement de la langue arabe/Poésie Vivante, 1984.
Dialogues Textbook II: United Nations, Questions and Answers/Manuel de dialogues II: Les Nations Unies, questions et réponses. Genève: Institut d'enseignement de la langue arabe/Poésie Vivante, 1984.
Dialogues Textbook III: Words of Everyday Use/Manuel de dialogues III: vocabulaire courant. Genève: L'Auteur/Poésie Vivante, 1985. (Suite au Manuel I)

Nacereddine's Multilingual Dictionary: 2500 Arabic words of current usage with translation in 7 languages - English, Français, Español, Deutsch, Russkij, Chinese, Japanese. Geneva: L'Auteur, 1991.

Alphabet illustré. Genève: L'Auteur, 1996.

Arabic Pictorial/L'Illustré arabe. Geneva: L'Auteur, 1996.

Chinese Pictorial/L'Illust ré chinois. Geneva: L'Auteur, 1997.

Russian Pictorial/L'Illustré russe. Geneva: L'Auteur, 1997.

Interactive Arabic/Arabe interactif. Geneva: L'Auteur, 2004. CD-ROM

Fundamental Arabic Textbook/Manuel d'Arabe fondamental. Rev. ed. Bloomington, IN: AuthorHouse, 2008.

Nouvelle approche de l'enseignement de la grammaire arabe. 2e éd., rév. Bloomington, IN: AuthorHouse, 2009.

A New Approch to Teaching Arabic Grmmar. Rev. ed. Bloomington, IN: AuthorHouse, 2009.

Publications utilisées aux Cours de langue arabe, Nations Unies, Genève – publications non officielles

Grammatical Applications: Idioms and Locutions of Everyday Use/Applications grammaticales: idiomes et locutions d'usage courant. Geneva: 1980.

Arabic Language Course: Practical Exercises/Cours de langue arabe: exercices pratiques. Geneva: 1981.

Livre de conversation, première partie. Genève: 1981.

A Dictionary of International Relations (news-economics-politics)/Dictionnaire des relations internationales (actualités-économie-politique). Geneva: 1986.

A Basic Dictionary: Everyday Vocabulary/Dictionnaire de base: vocabulaire courant. Geneva: 1987. 2 v.

A New Approach to Arabic Grammar. Geneva: 1988.

Nouvelle approche de la grammaire arabe. Genève: 1988.

Handwriting and Pronunciation Handbook/Manuel d'écriture et de prononciation. Genève: 1991.

Pour davantage d'informations, veuillez visiter
www.a-nacereddine.com

Abdallah Nacereddine

Manuel d'Ecriture et de Prononciation Arabes

عبد الله ناصر الدين

authorHOUSE®

AuthorHouse™
1663 Liberty Drive
Bloomington, IN 47403
www.authorhouse.com
Phone: 1-800-839-8640

First published by AuthorHouse 5/26/2011

ISBN: 978-1-4567-2064-3 (sc)
ISBN: 978-1-4567-2063-6 (e)

Library of Congress Control Number: 2011908060

Printed in the United States of America

Any people depicted in stock imagery provided by Thinkstock are models, and such images are being used for illustrative purposes only. Certain stock imagery © Thinkstock.

This book is printed on acid-free paper.

INTRODUCTION

Ce **_Manuel d'écriture et de prononciation_** est le fruit de plusieurs années d'enseignement de la langue arabe aux Nations Unies à Genève et d'interaction avec des étudiants et étudiantes de cinquante pays différents des cinq continents, par conséquent de différents cultes et cultures et de différentes origines linguistiques. Il est l'ensemble des leçons préparées une par une spécifiquement pour répondre aux besoins immédiats de chaque étudiant et étudiante en prenant en considération sa langue d'origine, sa fonction, son niveau intellectuel, sa formation, etc.

L'alphabet arabe contient plusieurs lettres et sons qui n'existent pas dans d'autres langues. Les apprenants arrivent difficilement à les distinguer et ils les confondent souvent.

Parmi ces étudiants et étudiantes, il y a un nombre considérable qui sont de langue maternelle persane, ourdou ou pachtou et qui sont avides d'apprendre l'arabe qui est la langue du Coran. Mais beaucoup d'entre eux ne s'intéressent pas à apprendre l'alphabet arabe, pensant à tort qu'ils le connaissent assez bien, étant donné que c'est le même alphabet qu'ils utilisent dans leurs langues d'origine respectives, et qu'ils ont appris depuis leur jeune âge. Donc, ils estiment que c'est inutile de l'apprendre à nouveau comme des petits enfants. Tel est leur argument.

Ils ne réalisent pas que, même s'ils arrivent à bien maîtriser la langue arabe, il faut que ce qu'ils écrivent ressemble à de l'arabe, et que ce qu'ils disent, quand ils parlent, résonne comme de l'arabe, non pas comme du persan ou de l'ourdou. C'est la raison pour laquelle, quelle que soit la langue d'origine de l'apprenant, j'insiste sur la bonne écriture et la bonne prononciation dès le début, quel que soit le temps que cela prenne, car une mauvaise écriture et une prononciation défectueuse sont incorrigibles si l'on les laisse s'installer.

Il est vrai que ces trois langues, ainsi que d'autres langues, telles que le kurde, le sindhi, le soundanais, l'uzbek, le ouïghour, et le turc (jusqu'en 1928) utilisent l'alphabet arabe. Mais leur écriture et encore plus leur prononciation sont distinctement différentes de celle de l'arabe.

C'est la raison pour laquelle il est vivement conseillé aux étudiants de langue maternelle farsi (persan), ourdou et pachtou, s'ils désirent sérieusement étudier la langue arabe, d'apprendre à écrire et à prononcer chaque lettre de l'alphabet arabe, non pas comme de faux débutants, mais comme de véritables débutants.

C'est le même cas, bien que moins accentué, avec l'alphabet latin. Prenons par exemple la lettre *J*, qui s'écrit de la même façon, mais qui est prononcée différemment en français, anglais, allemand et espagnol. Dans les langues qui utilisent l'alphabet arabe, il existe plusieurs lettres qui s'écrivent et se prononcent différemment.

Il existe également des mots dans ces langues qui sont d'origine arabe mais qui ont une différente signification. C'est la raison pour laquelle il est conseillé aussi aux étudiants originaires de pays dont les langues utilisent l'alphabet arabe, pour en être sûr de la signification, de regarder dans le dictionnaire chaque mot arabe qui est le même dans leur langue. Prenons par exemple :

(a) le mot *milla(t)* qui signifie en arabe *communauté/ confession/doctrine religieuse, croyance, religion*. En persan, le même mot signifie tout simplement *nation*;

(b) le mot *mousafir* en arabe signifie *voyageur*. En turc, prononcé *missafir*, il signifie *invité*;

(c) le mot *lahm* en arabe signifie *viande*; en hébreu, prononcé légèrement différemment, il signifie *pain*. Ainsi, la ville Bethléem, en arabe, veut dire *la maison de la viande*; en hébreu, *la maison du pain.* (A noter que cela ne veut pas dire *boucherie* en arabe, ni *boulangerie* en hébreu. Un autre mot en est utilisé dans les deux langues.)

Ce conseil est valable pour tous les étudiants de langue arabe dont la langue d'origine n'utilise pas l'alphabet arabe, mais qui est de la même famille sémitique, comme l'hébreu, ou d'autres langues qui n'ont aucun rapport avec l'arabe, mais qui sont influencées par la religion musulmane, comme l'hindi, le malais, le swahili, le wolof au Sénégal, les langues berbères; ou par la civilisation arabo-islamique comme le maltais, l'espagnol, le portugais.

On rencontre souvent les mêmes mots qui ont différentes significations dans différentes langues, par pur hasard. Citons quelques exemples :

- Le mot *gift* en allemand veut dire *poison* ; en anglais, il veut dire *cadeau*.
- Le mot *easy* en anglais veut dire *facile* ; en berbère, il veut dire *mouche*.
- Le mot *sakana* en arabe signifie habiter ; en japonais, il signifie *poisson*.

Un bref aperçu est donné ci-après principalement des langues persane et ourdou.

Le persan

Le son des consonnes et des voyelles en persan est différent de celui en arabe parce que le persan n'a aucun rapport linguistique avec l'arabe. Il est l'une des langues iraniennes qui forment une branche de la famille indo-européenne.

La langue persane était écrite à l'origine en cunéiforme jusqu'au 2ème siècle av. l'ère chrétienne, lorsque les Persans ont créé leur propre alphabet, connu sous le nom de Pahlavi, qui continuait à être utilisé jusqu'à la conquête islamique au 7ème siècle. Depuis ces temps, le persan s'écrit en l'alphabet arabe en ajoutant un certain nombre de caractères pour accommoder des sons spéciaux. [1]

On constate le même cas avec l'alphabet grec qui est utilisé en copte ainsi qu'en russe en ajoutant un certain nombre de caractères pour accommoder des sons spéciaux.

Cependant, le persan a maintenu les caractères arabes qui n'existent pas dans la langue persane.

"Les voyelles sont peu nombreuses, mais bien identifiables à l'oreille, contrairement aux voyelles arabes. Les consonnes sont nettement différentes de celles de l'arabe. Ce point est important, car certaines lettres arabes ne sont pas distinguées dans la prononciation persane." [2]

Le style d'écriture persane est différent de l'écriture arabe, mais elle est très esthétique. C'est la raison pour laquelle elle est souvent utilisée pour les titres en arabe, particulièrement dans les journaux. On lui trouve un certain charme.

Le kurde et le pachtou

La même règle s'applique aux langues pachtou et kurde qui sont proches du persan, faisant partie de la même famille des langues iraniennes.

L'ourdou

"L'ourdou tire son nom du mot turc *ordu* qui signifie "armée". Ce nom a donné *horde* en français. L'ourdou (*urdu* en anglais) est un parler hindoustani, donc très proche de l'hindi, qui fut langue de la cour des souverains mogols au XVIIIe siècle. Son nom date de cette époque : c'est la langue du camp impérial. L'ourdou est la langue officielle du Pakistan, mais est également langue constitutionnelle de l'Inde." [3]

L'ourdou appartient à la tradition indienne plutôt qu'à la culture arabo-persane. [4]

Un grand nombre de mots persans, arabes et turcs sont introduits dans la langue à travers les camps militaires et des marchés de Delhi. [5]

L'environnement culturel et linguistique dans lequel j'ai accompli mon travail m'a été d'une grande utilité, car il m'a encouragé à faire plus de recherches sur les différentes langues que j'avais commencées à étudier bien longtemps auparavant. Elles sont vingt au total. Je me suis procuré plus de 250 méthodes d'enseignement consistant en dictionnaires, manuels de grammaire, fichiers, cassettes audio, disques, tout au début, et plus tard des CD-ROM, etc.

Certain(e)s élèves qui avaient suivi des cours d'arabe auparavant avec d'autres professeurs s'étonnaient de mon calme, lorsqu'ils se trompaient ou quand ils avaient des difficultés de prononciation, d'écriture, ou de mémorisation, alors que leurs anciens professeurs s'énervaient toujours, jusqu'à les traiter même de stupides, parfois, d'après ce qu'une élève m'a raconté. En ce qui me concerne, la raison de garder mon sang froid est simple et claire. Je les comprenais très bien, étant donné que j'étais constamment en train d'apprendre une langue avec un nouvel alphabet ou un système d'écriture entièrement différent. J'éprouvais les mêmes difficultés d'écriture, de prononciation, de mémorisation. Ainsi, je rencontrais les mêmes problèmes et difficultés qu'eux. J'étais donc dans le même dilemme. Non seulement je ne m'énerve pas et je ne gronde pas les élèves quand ils font des erreurs, je les encourage, au contraire, et les félicite pour tous les efforts qu'ils ne cessent de faire pour apprendre. La relation professeur-élève doit être la même que la relation mère-petit enfant. Si une maman s'énerve et réprimande son enfant chaque fois qu'il fait un faux pas ou prononce mal un mot, il ne pourra ni marcher ni parler correctement. Il boitera et bégayera toute sa vie.

Je constate que la plupart des élèves se contentent de ce qu'ils apprennent en classe. A part quelques-uns, ils ne tentent pas d'étudier par eux-mêmes. C'est pourquoi je les exhorte également à apprendre à étudier tous seuls; à ne pas dépendre entièrement du professeur. Etant moi-même autodidacte, ayant appris presque tout seul, je leur demande simplement de suivre mon exemple.

Je me suis appliqué à étudier ces langues naturellement, non pas toutes à la fois, mais une par une, en y consacrant un certain temps, des mois ou des années, pour chaque langue, jusqu'à ce que je sois parvenu à ce nombre de vingt langues. Parmi ces langues figurent ma langue maternelle, le berbère, et principalement l'arabe, que j'ai commencé à étudier, presque comme une langue étrangère, seulement à l'âge de plus ou moins dix-sept ans, bien que j'aie appris le Coran par cœur, mais sans y comprendre un seul mot. Il y a plusieurs autres langues que je n'ai pas étudiées mais sur lesquelles j'ai appris beaucoup de choses grâce à mes élèves.

Souvent mes élèves me demandaient désespérément :
- Est-ce que nous allons apprendre vraiment cette langue, un jour ?
Avec un grand enthousiasme, je répondais :
- Oui, vous allez l'apprendre, c'est certain.
- Comment pourriez-vous le confirmer.
- Puisque moi-même je l'ai apprise, vous y parviendrez, vous aussi (en leur expliquant les raisons de mes propos).

Je les ai peut-être étonnés, mais je ne suis pas sûr que je les aie convaincus.

Quand j'ai entrepris l'étude de toutes ces langues, mon objectif pour certaines d'entre elles était de les maîtriser pour pouvoir les parler, les écrire et les lire; d'autres uniquement pour connaître leur système d'écriture, leur structure, leur morphologie, les premiers éléments de grammaire, leurs origines historiques, etc. Ainsi, lorsque je parle avec certaines personnes de mes deux dictionnaires multilingues, chacun contenant huit langues vivantes (le premier a été publié en 1991, et l'autre non-publié), ils me demandent, "Est-ce que vous parlez toutes ce langues ?" Ma réponse est non.

De même que quand j'ai signalé que mon dictionnaire consiste en mots de tous les jours, on m'a aussi demandé : "Donnez-nous un exemple." J'ai répondu que cela dépend pour qui. Par exemple, le mot *neige* qui a douze différentes couleurs est un mot de tous les jours pour les Eskimos. Par contre, pour un Targui (pl. Touareg), le mot *chameau*, qui a mille noms, est le mot de tous les jours. Pour un Coréen, le mot de tous les jours est le riz qui a quatre différents noms. [6]

Ce qui est encore très intéressant est le symbolisme en chinois qui utilise non pas un alphabet, mais des idéogrammes qui ont été adoptés par le japonais, mais avec une différente prononciation. Ils étaient à l'origine des images, avant de subir plusieurs modifications pour les simplifier. Par exemple (a) l'idéogramme pour désigner *l'ami, l'amitié* représente la main droite de deux amis, agissant dans la même direction [7]; (b) l'idéogramme pour désigner *la paix, le bon ordre* représente des femmes enveloppées dans une maison. [8]

Connaître une langue c'est connaître la mentalité, la façon de penser, de s'exprimer, les coutumes, et le mode de vie de celui ou de celle qui la parle. On n'arrive jamais à bien con- naître et comprendre un peuple sans connaître sa langue, même d'une façon rudimentaire, même si l'on vit au sein de ce peuple pendant toute sa vie. Par contre, si l'on apprend sa langue, on arrive à bien le connaître et le comprendre, d'où

ix

l'aimer, sans forcément vivre en son sein. En étudiant sa langue, sa culture, l'on s'identifie à lui et l'on devient une partie intégrante de son patrimoine. Tous les préjudices, les idées préconçues, les blâmes, les reproches le concernant disparaissent. Souvent les Français, lorsqu'un Arabe les tutoie, ou utilise la première personne en premier, en disant *moi et toi* au lieu de *toi et moi* ou *vous et moi*, pensent qu'il manque de politesse. Quand ils apprennent sa langue, ils comprennent qu'il est simplement au début de ses études de la langue française, mais pas encore familier avec la culture, et que le vouvoiement proprement dit n'existe pas en arabe, et que c'est courant de commencer par la première personne.*

Un étudiant débutant en coréen ou en japonais, par exemple, choquerait ses interlocuteurs qui ne savent rien de sa culture, en s'adressant à eux sans tenir compte de qui parle à qui. Car "comme dans de nombreuses langues du monde, surtout en Extrême-Orient, une même phrase peut être dite très différemment selon les rapports sociaux des interlocuteurs."[9]

Il est possible de connaître à fond un peuple quelconque en apprenant sa langue, non seulement un peuple existant, mais un peuple qui a existé il y a des milliers d'années, mais qui a totalement disparu, comme les anciens Egyptiens.

---

*Le pronom personnel '*vous*' existe certes en arabe. Il y a même trois sortes de *vous* : (a) vous deux messieurs ou vous deux dames, ou vous deux, Monsieur et Madame; (b) vous trois messieurs, ou plus; (c) vous trois dames, ou plus. C'est la raison pour laquelle, il est conseillé à un francophone, s'il souhaite inviter un ami ou un collègue arabe, de lui dire: *je t'invite,* ou *je vous invite,* en précisant bien, *vous et votre épouse,* s'il veut inviter le couple. S'il lui dit *je vous invite,* en le vouvoyant par politesse, il risquera d'avoir la famille toute entière.

Nous prenons comme exemple les égyptologues qui ont étudié les hiéroglyphes. A travers la langue qu'ils ont étudiée d'une manière approfondie, ils ont tout appris sur les coutumes et le style de vie des Egyptiens de l'Antiquité. Ils savent probablement beaucoup plus sur eux que sur leurs contemporains, les Egyptiens d'aujourd'hui, qu'ils côtoient constamment lors de leurs recherches en Egypte, s'ils ne possèdent aucune connaissance de la langue arabe ni de la langue copte. La connaissance du copte aiderait peut-être aussi à mieux comprendre les chrétiens coptes qui "ne parle plus qu'arabe, mais [...] utilisent encore le copte, descendant de l'égyptien antique, comme langue d'Eglise." [10]

Mais comment peut-on savoir si l'on connaît de façon approfondie la langue d'un peuple ainsi que sa culture ? On peut faire le test suivant : Quand un Français, par exemple, qui connait l'anglais, voit écrit le mot *tree*, il pense à un arbre; il l'imagine bien vivant devant lui, non pas un mot pur et simple qui veut dire *arbre* en français.

Grâce à ma familiarité avec, et mes connaissances, bien que rudimentaires, de tant de langues, j'ai pu comprendre mieux les difficultés que chacun et chacune des mes élèves rencontraient. Ainsi, j'ai utilisé tous les moyens pour y remédier.

J'en conclue : Si vous me dites quelle est votre langue

maternelle, je pourrais anticiper les fautes que vous ferez en arabe. Autrement dit, par les fautes que vous ferez en arabe, je pourrais dire quelle est votre langue maternelle.

Il est évident que mes élèves m'ont appris beaucoup de choses, sans peut-être le savoir. Ceci n'est pas seulement mon cas. Tout enseignant apprend de ses élèves. Ce qui veut dire que l'on n'est jamais 100% enseignant, ni 100% étudiant. On est les deux à la fois. Non seulement en classe, mais aussi dans la vie quotidienne. Nous sommes tous en train de nous instruire les uns les autres sans cesse, et sans en être conscient.

Ceci n'est pas un traité de linguistique comparée. Cependant, au lieu de traiter uniquement les langues qui utilisent l'alphabet arabe, j'ai fait allusion aux autres langues, car je trouve qu'il y a certains traits communs que tout étudiant de la langue arabe doit savoir, quelque soit sa langue d'origine, qu'il utilise ou non l'alphabet arabe.

Genève, le 1er mars 2011   Abdallah Nacereddine

Références bibliographiques

1. Katzner, Kenneth. *The Languages of the World*. London: Routledge, 1986, p. 166-7.

2. Malherbe, Michel. *Les langages de l'humanité*. Paris: Seghers, 1983, p. 178.

3. *Ibid.*, p. 187.

4. Campbell, George L. *Concise Compendium of the World's Languages*. London: Routledge, 1998, p. 562.

5. Katzner, Kenneth. *Op. cit.*, p. 179.

6. Malherbe, Michel ; Tellier, Oliver ; Choi Jung Wha. Parlons coréen. Paris : Editions L'Harmattan, p. 228.

7. Wieger, L. *Chinese Characters : Their Origin, Etymology, History, Classification and Signification*. New York: Dover Publications, 1965, p. 122.

8. *Ibid*, p. 169.

9. Malherbe, Michel ; Tellier, Oliver ; Choi Jung Wha. *Op. cit.*, p. 45.

10. Malherbe, Michel. *Op. cit.*, p. 417.

Table des Matières

المحتويات

L'alphabet

الحروف الهجائية

ا	ب	ت	ث	ج
ح	خ	د	ذ	ر
ز	س	ش	ص	ض
ط	ظ	ع	غ	ف
ق	ك	ل	م	ن
ه	و	ي	لا	ء

ا Alif A, U/O, I avec, ou, eau, il,	ب Bā' B bout
ت Tā' T tout	ث Ṯā' TH (anglais) think
ج Ǧīm J (Dj) jaune	ح Ḥā' n'a pas d'équivalent
خ Ḫā' Jota espagnol ojo	د Dāl D doux

4

ر **Rā'** R (roulé) riz	ذ **Ḏāl** TH (anglais) this
س **Sīn** S sous	ز **Zāi** Z zoo
ص **Ṣād** S (emphatique) seau	ش **Šīn** CH chat
ط **Ṭā'** T (emphatique) tôt	ض **Ḍād** D (emphatique) dos

ع

^cain
n'a pas
d'équivalent

ظ

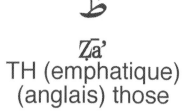

Ẓa'
TH (emphatique)
(anglais) those

ف

Fā'
F
fille

غ

Ġin
R (grasséyé)
rire

ك

Kāf
K
coup

ق

Qāf
n'a pas
d'équivalent

م

Mim
M
mère

ل

Lām
L
lit

6

هـ Hā' H (anglais) hat	ن Nūn N nous
ي Yā' Y yacht	و Wāw OI oiseau
ء Hamza A, U/O, I avec, ou, eau, il,	لا Lāmalif Combinaison des deux lettres : ل et ا

Première Partie
L'écriture

القسم الأول
الخط/الكتابة

Séparée	Finale	Médiale	Initiale

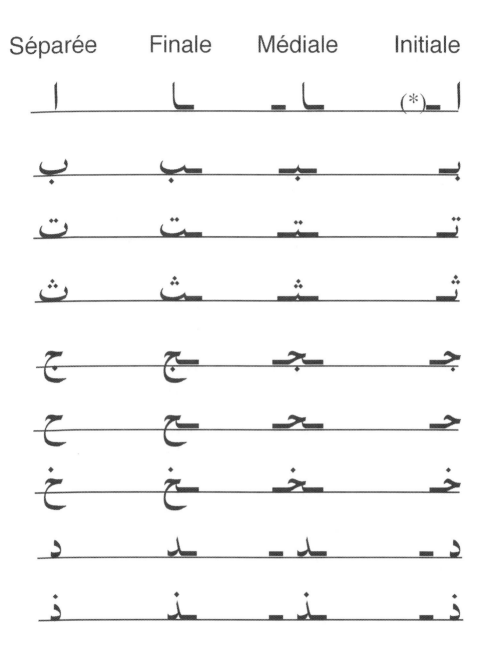

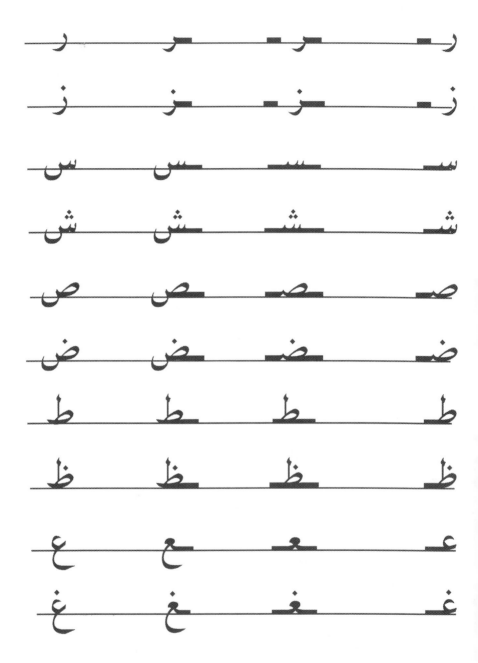

ر ر ر ر

ز ز ز ز

س س س س

ش ش ش ش

ص ص ص ص

ض ض ض ض

ط ط ط ط

ظ ظ ظ ظ

ع ع ع ع

غ غ غ غ

12

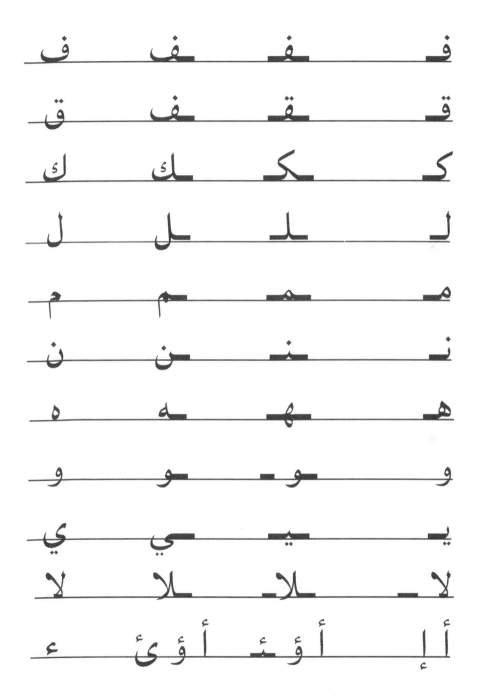

ف	ف	ﻔ	ﻓ
ق	ﻒ	ﻘ	ﻗ
ﻚ	ﻚ	ﻜ	ﻛ
ﻞ	ﻞ	ﻠ	ﻟ
ﻢ	ﻢ	ﻤ	ﻣ
ﻦ	ﻦ	ﻨ	ﻧ
ﻪ	ﻪ	ﻬ	ﻫ
ﻮ	ﻮ	ﻮ	و
ﻲ	ﻲ	ﻴ	ﻳ
ﻼ	ﻼ	ﻼ	ﻻ
ﺄ	ﺆﺌ	ﺄﺆﺉ	ء

13

Exercices
d'écriture

تمارين في
الخط/الكتابة

Séparée	Finale	Initiale	Médiale	
قَرَأَ	نَبَأٌ	سَأَلَ	أَكَلَ	ا :
شَرَب	كَتَبَ	جَبَلٌ	بِنْتٌ	ب :
بَاتَ	بِنْتٌ	فَتَحَ	تَمْرٌ	ت :
حَرَثَ	مَكَثَ	مَثَلٌ	ثَلْجٌ	ث :
خَرَج	نَسَجَ	نَجَحَ	جَبَلٌ	ج :
صَاح	فَتَحَ	بَحَثَ	حَبَلٌ	ح :
دَاخَ	فَخْرٌ	خَرَجَ	خَبَرٌ	خ :
بَرْدٌ	وَلَدٌ	قَدَمٌ	دَخَلَ	د :
عَاذَ	نَفَذَ	بَذَلَ	ذَهَب	ذ :
سَارَ	خَبَرٌ	شَرِبَ	رَجُلٌ	ر :

17

Séparée	Finale	Initiale	Médiale	
فَرَزَ	قَفَزَ	نَزَلَ	زَلَقَ	ز :
غَرَس	جَلَس	غَسَلَ	سَكَنَ	س :
فَرَش	عطش	نَشَرَ	شَرِب	ش :
قُرْصٌ	فَحَص	فَصْلٌ	صَبَرَ	ص :
فَاض	رفَض	حَضَرَ	ضَرَب	ض :
شَرْطٌ	سَقَطَ	نَطَقَ	طَلَبَ	ط :
غَاظَ	حفظ	نَظَرَ	ظَهَرَ	ظ :
بَاعَ	سَمِعَ	لَعِب	عَرَفَ	ع :
فَرَغَ	بَلَغَ	شَغَلَ	غَسَلَ	غ :
عَرَفَ	كَشَفَ	كَفَلَ	فَهِمَ	ف :

Séparée	Finale	Initiale	Médiale	
بَرْقٌ	سَبَقَ	نَقَلَ	قَدَمٌ	ق :
تَرَكَ	سَمَكٌ	سَكَنَ	كَتَبَ	ك :
نَزَلَ	رَجُلٌ	جَلَسَ	لَعِب	ل :
قَدَمٌ	فَهِمَ	عَمِلَ	مَثَلٌ	م :
قَرْنٌ	سَكَنَ	بِنْتٌ	نَزَلَ	ن :
بَدَهَ	وَجْهٌ	فَهِمَ	هَرَبَ	هـ :
فَرْوٌ	بَهْوٌ	يَوْمٌ	وَجَدَ	و :
شَايٌ	كُرْسِيٌّ	عَيْنٌ	يَوْمٌ	ي :
إِلَّا	عَلَا	سَلَامٌ	لَازِم	لا :
مَاءٌ	بِئْرٌ	سُؤَالٌ	أَبٌ إِمَامٌ	ء :
	فَتَاةٌ	سَنَةٌ		ة :

Note sur l'écriture

مَلْحُوظَةٌ بِخُصُوصِ الْكِتَابَةِ

Toutes les lettres de l'alphabet arabe, qu'elles soient manuscrites ou imprimées, s'enchaînent les unes aux autres. Cependant sept d'entre elles s'attachent uniquement aux lettres précédentes, mais pas aux lettres suivantes. Ces lettres sont les suivantes:

. ا د ذ ر ز و لا

C'est la raison pour laquelle il existe deux sortes de finale: séparée et attachée, selon que la lettre précédente s'attache ou ne s'attache pas, comme le montre l'exemple suivant:

. نزل ، عمل

Les lettres
semi-attachées

الحروف شبه المنفصلة

Séparée	Finale	Médiale	Initiale
ا	ـا	ـاـ	اـ
بَدَا	نَمَا	سَالَ	إِسْمٌ
د	ـد	ـدـ	دـ
عَادَ	وَلَدٌ	قَدَمٌ	دَخَلَ
ذ	ـذ	ـذـ	ذـ
عَاذَ	نَفَذَ	بَذَلَ	ذَهَب
ر	ـر	ـرـ	رـ
صَارَ	خَبَرٌ	شَرِب	رَجُلٌ
ز	ـز	ـزـ	زـ
مَوْزٌ	قَفَزَ	نَزَلَ	زَرَعَ

22

Séparée	Finale	Médiale	Initiale
و	ـو	ـوـ	و ـ
فَرْوٌ	بَهْوٌ	يَوْمٌ	وَلَدٌ
لا	ـلا	ـلاـ	لا ـ
إِلَّا	عَلَا	سَلَامٌ	لَازِمٌ

Remarque : Ces lettres s'attachent aux lettres qui les précèdent, mais pas aux lettres qui les suivent.

Note concernant
la distinction entre
certaines lettres

مَلْحُوظَةٌ بخُصُوص التَّمْيِيزِ

بَيْنَ بَعْضِ الْحُرُوف

A noter que certaines lettres (en paires ou en triades) sont identiques. Elles se distinguent uniquement par le nombre de points : un, deux ou trois; et la position : au-dessus de la lettre ou en dessous de la lettre.

Certaines d'autres sont légèrement différentes. Elles s'écrivent en finales et séparées, soit sur la ligne, ou en dessous de la ligne.

Voir les tableaux ci-après :

Les lettres homogènes (1)

الحروف المتجانسة (١)

ب

ت

ث

ن

ي

Séparée	Finale	Médiale	Initiale
ب	ـب	ـبـ	بـ
شَرِب	كَتَبَ	جَبَلٌ	بِنْت
ت	ـت	ـتـ	تـ
صَوْتٌ	بِنْتٌ	فَتَحَ	تَبِعَ
ث	ـث	ـثـ	ثـ
حَدَثَ	بَحَثَ	مَثَلٌ	ثَلْجٌ
ن	ـن	ـنـ	نـ
قَرْنٌ	سَكَنَ	بِنْتٌ	نَزَلَ
ي	ـي	ـيـ	يـ
شَايٌ	نَقِيٌّ	عَيْن	يَوْمٌ

27

Les lettres
semi-homogènes (1)

الحروف شبه المتجانسة (١)

ع

غ

ف

ق

و

Séparée	Finale	Médiale	Initiale
ع	ـع	ـعـ ـع	عـ
بَاعَ	سَمِعَ	لَعِب	عَمِلَ
غ	ـغ	ـغـ	غـ
فَرَغَ	بَلَغَ	شَغَلَ	غَسَلَ
ف	ـف	ـفـ	فـ
عَرَفَ	كَشَفَ	كَفَلَ	فَهِمَ
ق	ـق	ـقـ	قـ
شَرْقٌ	سَبَقَ	نَقَلَ	قَلْبٌ
و	ـو	ـو	و
فَرْوٌ	بَهْوٌ	يَوْمٌ	وَلَدٌ

31

Les lettres
homogènes (2)
(paires et triades)

الحروف المتجانسة (٢)

(أزواجا وثواليث)

١) ب ت ث

٢) ج ح خ

٣) د ذ

٤) ر ز

٥) س ش

٦) ص ض

٧) ط ظ

٨) ع غ

٩) ة ه

شَرِبَ	كَتَبَ	جَبَلٌ	بِنْتٌ	ب	١)
صَوْتٌ	بِنْتٌ	فَتَحَ	تَمْرُ	ت	
حَرَثَ	مَكَثَ	مِثَلٌ	ثَلْجٌ	ث	
خَرَجَ	نَسَجَ	نَجَحَ	جَبَلٌ	ج	٢)
رُوحٌ	فَتَحَ	بَحَثَ	حَبْلٌ	ح	
دَاخَ	نَسَخَ	خَرَجَ	خَبَرٌ	خ	
بَرْدٌ	وَلَدٌ	قَدَمٌ	دَخَلَ	د	٣)
عَاذَ	نَفَذَ	بَذَلَ	ذَهَبَ	ذ	
سَارَ	خَبَرٌ	شَرِبَ	رَجُلٌ	ر	٤)
فَرَزَ	قَفَزَ	نَزَلَ	زَلِقَ	ز	

35

٥) س   سَكَنَ   غَسَلَ   جَلَسَ   غَرَسَ

ش   شَرَبَ   نَشَرَ   عَطَشَ   فَرَشَ

٦) ص   صَبَرَ   فَصْلٌ   فَحَصَ   قُرْصٌ

ض   ضَرَبَ   حَضَرَ   رَفَضَ   مَرَض

٧) ط   طَلَبَ   نَطَقَ   سَقَطَ   شَرَطٌ

ظ   ظَهَرَ   نَظَرَ   حَفظَ   غَاظَ

٨) ع   عَمِلَ   لَعِبَ   سَمِعَ   بَاعَ

غ   غَسَلَ   شَغَلَ   بَلَغَ   فَرِغَ

٩) ة   مَدِينَةٌ   فَتَاةٌ

ه   وَجْهٌ   بَدَهَ

Les lettres
semi-homogènes (2)
(réparties en groupes)

الحروف المتجانسة (٢)

(مقسمة إلى مجموعات)

١) ا ل

٢) ب ت ث ن ي

٣) ث ش

٤) د ذ ر ز

٥) ص ض ط ظ

٦) ع غ ف ق م و

١	قَرَأَ	نَبَأَ	سَأَلَ	أَكَلَ	١) ١
	نَزَلَ	رَجُلٌ	جَلَسَ	لَعِبَ	ل
	شَرِب	كَتَبَ	جَبَلٌ	بِنْتٌ	ب	٢) ٢
	صَوْتٌ	بِنْتٌ	فَتَحَ	تَمَرٌ	ت
	حَرَثَ	مَكَثَ	مَثَلٌ	ثَلْجٌ	ث
	قَرْنٌ	سَكَنَ	بِنْتُ	نَزَلَ	ن
	شَايٌ	كُرْسِيٌّ	عَيْنٌ	يَوْمٌ	ي
	عَاثَ	مَكَثَ	نَثَرُ	ثُلُثٌ	ث	٣) ٣
	عَاشَ	عَطِشَ	نَشَرَ	شَرِب	ش

٤) د   دَخَلَ قَدَمٌ وَلَدٌ بَرْدٌ

ذ   ذَهَبَ بَذَلَ نَفَذَ عَاذَ

ر   رَجُلٌ شَرِبَ خَبَرٌ سَارَ

ز   زَلَقَ نَزَلَ قَفَزَ فَرَزَ

٥) ص   صَبَرَ فَصْلٌ فَحَصَ قُرْصٌ

ض   ضَرَبَ حَضَرَ رَفَضَ مَرِضَ

ط   طَلَبَ نَطَقَ سَقَطَ شَرْطٌ

ظ   ظَهَرَ نَظَرَ حَفِظَ غَاظَ

40

٦) ع	بَاعَ	سَمِعَ	لَعِب	عَمِلَ	
غ	فَرَغَ	بَلَغَ	شَغَلَ	غَسَلَ	
ف	عَرَفَ	كَشَفَ	شَغَلَ	فَهِمَ	
ق	بَرقٌ	سَبَقَ	نَقَلَ	قَدَمٌ	
م	قَدَمٌ	فَهِمَ	عَمِلَ	مَثَلٌ	
و	فَروٌ	بَهْوٌ	يَوْمٌ	وجهٌ	

Deuxème Partie
La prononciation

القسم الثاني
النطق

L'ALPHABET الحروف الهجائية
LE SON الصوت

Symbole	Nom de la lettre	Transli-tération	Symbole	Nom de la lettre	Transli-tération
ض	Ḍād	ḍ	ء	Hamza (1)	'a, u, i
ط	Ṭā'	ṭ	ا	'Alif (2)	'a, u, i
ظ	Ẓā'	ẓ	ب	Bā'	b
ع	ɛain	ʢ	ت	Tā'	t
غ	Ḡain	ḡ	ث	Ṯā'	ṯ
ف	Fā'	f	ج	Ǧīm	ǧ
ق	Qāf	q	ح	Ḥā'	ḥ
ك	Kāf	k	خ	Ḫā'	ḫ
ل	Lām	l	د	Dāl	d
م	Mīm	m	ذ	Ḏāl	ḏ
ن	Nūn	n	ر	Rā'	r
ه	Hā'	h	ز	Zāy	z
و	Wāw	w	س	Sīn	s
ي	Yā'	y	ش	Šīn	š
لا	lāmalif	la	ص	Ṣād	ṣ

(1) Attaque vocalique. (2) Autrement, *'alif* est utilisée comme voyelle longue.

45

Les voyelles courtes
اَلْحَرَكَاتُ

A l'origine, les Arabes n'avaient pas de signes pour les voyelles courtes, les signes suivants ont été inventés:

a) *fatḥa* ـَ est un signe suscrit ayant la valeur de *a*, comme dans *chat*.

b) **kasra** ـِ est un signe souscrit ayant la valeur de i, comme dans *nid*.

b) *ḍamma* ـُ est un signe suscrit ayant la valeur de *ou*, comme dans *bout*.

kasra	ḍamma	fatḥa

اَلْفَتْحَةُ ـَ اَلضَّمَّةُ ـُ اَلْكَسْرَةُ ـِ

خِ	خُ	خَ	إِ	أُ	أَ
دِ	دُ	دَ	ت	بُ	بَ
ذِ	ذُ	ذَ	تِ	تُ	تَ
رِ	رُ	رَ	ثِ	ثُ	ثَ
زِ	زُ	زَ	جِ	جُ	جَ
سِ	سُ	سَ	حِ	حُ	حَ

47

قِ	قَ	قُ	قِ	شَ	شُ	شِ
كِ	كَ	كُ	كَ	صَ	صُ	صِ
لِ	لَ	لُ	لَ	ضَ	ضُ	ضِ
مِ	مَ	مُ	مَ	طَ	طُ	طِ
نِ	نَ	نُ	نَ	ظَ	ظُ	ظِ
هِ	هَ	هُ	هَ	عَ	عُ	عِ
وِ	وَ	وُ		غَ	غُ	غِ
يِ	يَ	يُ	يَ	فَ	فُ	فِ

Les lettres gutturales
حُرُوفُ الْحَلْقِ

Les lettres gutturales sont les suivantes :

أ **hamza** (voir Chapitre **hamza)**.

ح **ḥā'** se prononce avec constriction des muscles pharyngiens.

خ **ḫā'** se prononce comme le *ch* allemand dans le mot *"nach"*, vers, ou la *j (jota)* de l'espagnol dans le mot *"ajo"*, ail.

ع *ɛaīn* n'a pas d'équivalent en français; c'est une gutturale très forte. Elle est dite pharyngale.

غ *ġaīn* se prononce comme r grasseyé.

ـه **hā'** se prononce comme le *h* anglais ou allemand. Elle est dite laryngale.

أَ اُ أَ

إِ

حَ حُ حَ

خِ خُ خَ

عِ عُ عَ

غِ غُ غَ

قِ قُ قَ

هـَ هُ هَ

Remarque : Les grammairiens donnent uniquement les cinq lettres هـ غ ع خ ح comme lettres gutturales.

Les lettres emphatiques

اَلْحُرُوفُ الْمُضَخَّمَةُ

Les lettres ص *ṣād,* ض *ḍād,* ط *ṭā'* et ظ *ẓā'* forment un groupe de sons emphatiques qui se prononcent comme *sīn,* د *dāl,* ت*tā'*et ذ *dāl,* mais avec emphase.

Il faut spécialement noter qu'avec ces consonnes emphatiques, les voyelles *fatḥa, kasra* et *ḍamma* tendent à résonner comme *â* dans *tâche; ô,* dans *tôt;* et *ê* dans *fête.*

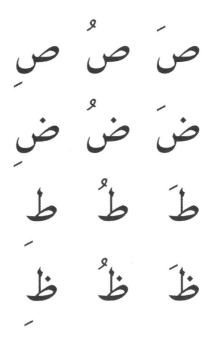

صِ صُ صَ

ضِ ضُ ضَ

طَ طُ طَ

ظَ ظُ ظَ

La différence de prononciation entre les lettres emphatiques et les lettres non emphatiques correspondantes

التمييز في النطق بين بعض الحروف المضخمة وغيرالمضخمة المتجانسة

تَ - طَ - ذَ - ظَ

تُ - طُ - ذُ - ظُ

تِ - طِ - ذِ - ظِ

دَ - ضَ - سَ - صَ

دُ - ضُ - سُ - صَ

دِ - ضِ - سِ - صِ

La différence de prononciation entre les lettres non emphatiques, en considération de l'origine linguistique de l'apprenant

التمييز في النطق بين

بعض الحروف حسب

لغة الدارس الأصلية

ثَ – ذَ   لَ – رَ

ثُ – ذُ   لُ – رُ

ثِ – ذِ   لِ – رَ

ظَ – زَ – ذَ   سَ – زَ – لَ

ظُ – زُ – ذُ   سُ – زُ – لُ

ظِ – زِ – ذِ   سِ – زَ – لَ

غَ – رَ   كَ – قَ

غُ – رُ   كُ – قُ

غِ – رِ   كِ – قِ

Les lettres de prolongation
حُرُوفُ الْمَدِّ

Les voyelles longues ou les lettres de prolongation sont les suivantes:

a) ا 'alif pour la prolongation de la consonne ayant comme voyelle courte *fatḥa* ـَ, et. دَا *dā*.

b) و *wāw* pour la prolongation de la consonne ayant comme voyelle courte *ḍamma* ـُ, ex. دُو *dū*.

c) ي *yā'* pour la prolongation de la consonne ayant comme voyelle courte *kasra* ـِ, ex. دِي *dī*.

ـِي	تُو	نَا
تِينْ	تُوتٌ	بَابٌ
نِيرٌ	نُورٌ	نَارٌ
فِيلٌ	فُولٌ	جَارٌ
جِيلٌ	سُوقٌ	حَالٌ
طِينْ	طُولٌ	خَالٌ
دِينْ	دُورٌ	عَامٌ
عِيدٌ	كُوبٌ	بَالٌ
رِيحْ	رُوحٌ	دَارٌ
كِيسْ	قُوتٌ	شَايْ

La distinction entre les voyelles courtes et les voyelles longues

التمييز بين

الحركات القصيرة

والحركات الطويلة

وَاصَلَ	وَصَلَ
نَاصَبَ	نَصَبَ
أُذُونٌ	أُذُنٌ
رُبُوعٌ	رُبعٌ
سَافَرَ	سَفَرَ
عَادَلَ	عَدَلَ
عَاكَسَ	عَكَسَ
رَافَعَ	رَفَعَ
ذَهَابٌ	ذَهَبُ
عَالِمٌ	عَلِمَ

Les lettres utilisées tantôt comme lettres de prolongation, tantôt comme consonnes

ا - و - ي

الحروف التي تستخدم
كحركات طويلة أحيانا
وكصوامت أحيانا أخر
ا - و - ي

ثَارَ - ثَأَرَ   عُودٌ - أَعْوَادٌ

سَالَ - سَأَلَ   سِيرَةَ - سِيَرٌ

زَارَ - زَأَرَ   قِيمَةٌ - قِيَمٌ

بَدَا - بَدَأَ   مِيلٌ - أَمْيَالٌ

نَبَا - نَبَأً   فِيلٌ - فُيُولٌ

فُوطَةٌ - فُوَطٌ   جِيلٌ - أَجْيَالٌ

سُوقٌ - أَسْوَاقٌ   مِرْآةٌ

دُورٌ - أَدْوَارٌ   طَاوُوسٌ

عِيدٌ - أَعْيَادٌ   تَمْيِيزٌ

Le *Tašdīd* ou la *Šadda* ou le Redoublement

اَلشَّدَّةُ

On appelle la *šadda* le signe placé au-dessus d'une consonne pour indiquer le redoublement de cette consonne bien qu'elle soit écrite seulement une fois, ex مَدَّ *madda, allonger.*

A noter que la *šadda* s'emploie uniquement avec les voyelles *fatḥa, kasra* et *ḍamma,* mais jamais avec le *sukūn.*

بَلَّغَ	حَدَّ	شَدَّ
قَسَّمَ	وَدَّ	عَدَّ
كَبَّرَ	شَدَّدَ	مَلَّ
تَكَلَّمَ	قَرَّرَ	قَلَّ
تَقَبَّلَ	سَكَّنَ	رَدَّ
حَدَّدَ	فَضَّلَ	ظَنَّ
مَوادُّ	سَجَّلَ	شَمَّ
صَدَّرَ	عَلَّم	شَكَّ
وَدَّعَ	قَدَّمَ	صَبَّ

Le *Tanwīn*

اَلتَّنْوِينُ

Les trois signes qui représentent les voyelles sont quelquefois redoublés à la fin des noms, et les voyelles finales se lisent comme si elles étaient suivies du son *n*, c'est-à-dire de la consonne ن : ـً an, ـٍ *in*, ـٌ *un*.

Ce redoublement de voyelle s'appelle *tanwīn*. Lorsque le *tanwīn* est avec *fatḥa* on ajoute une *'alif* pour le support du *tanwīn* après toutes les consonnes, excepté ة *tā' marbūta,* ء *hamz,* et ى *'alif maqsūra* (c'est-à-dire ي *yā'* sans points diacritiques).

دَرْسٌ

قَلَمٌ

كِتَابٌ

مَرْحَباً

شُكْراً

عَفْواً

قَاضٍ

مُحَامٍ

كَافٍ

66

Le *Sukūn*

اَلسُّكُونُ

Le *Sukūn* est un sign en forme de cercle placé au-dessus d'une consonne pour indiquer que cette consonne n'est pas munie de voyelle, ex. كُنْ *kun, sois.* Il ne peut pas affecter une consonne en début du mot. Il ne peut pas suivre, en général, les voyelles longues.

كُنْ

قُلْ

كُلْ

اقْرَأْ

فَأْرُ

بِئْرُ

نَعَمْ

مَنْ

كَيْفَ

La *Hamza*

اَلْهَمْزَةُ

La *hamza* ء est la consonne qu in-
dique une fermeture de la glotte en fer-
mant complètement les cordes vocales,
puis en les ouvrant subitement. C'est une
consonne comme les autres consonnes de
l'alphabet. Les règles concernant l'écriture
de la *hamza* sont complexes.

La *hamza* est étudiée en détail dans un
autre chapitre, dan un autre manuel. Nous
donnons ci-après quelques explications :

La hamza initiale est toujours écrite sur
ou sous l'*alif,* exemple :

أ 'a, أ 'u, إ 'i.

دَائِماً	فَأْرٌ	أَبٌ
هَيَّأَ	بِئْرٌ	أُمٌّ
رَئِيسٌ	بُؤْرَةٌ	إِسْمٌ
رِئَاسَةٌ	سُؤَالٌ	سَأَلَ
مُخْطِئٌ	تَفَاؤُلٌ	نَبَأٌ
هُدُوءٌ	إِمْرَأَةٌ	مَسْأَلَةٌ
بَطِيءٌ	بِيئَةٌ	بَدَأَ
جُزْءٌ	فِئَةٌ	قَرَأَ
شَيْءٌ	لُجُوءٌ	مَأْوَى

La *Madda*

اَلْمَدَّةُ

Quand une 'alif affectée d'une *fatḥa* est suivie d'une 'alif de prolongation, au lieu d'écrire deux 'alif, on n'écrit qu'une seule surmontée d'une *madda* (une *alif* horizontale). Ainsi, on écrit آ *ā*, au lieu de اأ.

Ceci se produit également quand, au commencement d'une syllabe, une 'alif affectée d'une **hamza** et d'une *fatḥa* est suivie d'une 'alif hamzée, affectée d'un *sukūn*. Ainsi on écrit : آ *ā*, au lieu de أأ.

آمَالٌ	آبُ
مِرْآةٌ	آمَنَ
اَلْقُرْآنُ	آخَرُ
آسَى	آجُرُّ
آذَارُ	اَلْآنَ
آدَمُ	آلَةٌ
آثَارُ	آنِسَةٌ
اَلْآرَامِيُّونَ	آبَارُ
مِرْآةٌ	آسِفُ

72

Les lettres lunaires

اَلْحُرُوفُ الْقَمَرِيَّةُ

Les lettres lunaires initiales d'un nom n'assimilent pas l'article qui les précède et ne reçoivent pas par conséquent le *tašdīd.* Elles sont au nombre de 14:

. أ ب ج ح خ ع غ ف ق ك م هـ و ي

Ainsi, on écrit اَلْـقَـمَـرُ *al-qamaru,* la lune, et l'on prononce اَلْـقَـمَـرُ *al-qamaru,* comme c'est écrit, sans le redoublement de la consonne ق , et le ل de l'article conserve son *sukūn.*

Ces 14 lettres sont appelées lettres lunaires, parce qu'il se trouve que le nom قَمَرُ *lune,* commence par l'une d'elle.

اَلْأَبُ	أَبٌ
اَلْبِنْتُ	بِنْتٌ
اَلْجَبَلُ	جَبَلٌ
اَلْحَلِيبُ	حَلِيبٌ
اَلْخَرِيفُ	خَرِيفٌ
اَلْعَيْنُ	عَيْنٌ
اَلْغَرْبُ	غَرْبٌ

74

اَلْفَمُ	فَمٌ
اَلْقَمَرُ	قَمَرٌ
اَلْكِتَابُ	كِتَابٌ
اَلْمَاءُ	مَاءٌ
اَلْهَوَاءُ	هَوَاءٌ
اَلْوَلَدُ	وَلَدٌ
اَلْيَدُ	يَدٌ

75

Les lettres solaires
اَلْحُرُوفُ الشَّمْسِيَّةُ

Les lettres solaires initiales d'un nom assimilent l'article qui les précède et reçoivent un *tašdīd* euphonique. Elles sont au nombre de 14 :

ن ل ظ ط ض ص ش س ز ر ذ د ث ت .

Au lieu de اَلْـشَمْسُ *al-samsu*, le soleil, on écrit: اَلْـشَّمْسُ avec le *tašdīd* de la consonne initiale ش et l'on prononce : *aš-šamsu*. La consonne ل , bien qu'elle soit exprimée en écriture, perd son *sukūn* et n'est pas prononcée; elle est assimilée par la consonne qui la suit. Ces 14 lettres sont appelées lettres solaires parce qu'il se trouve que le mot شَمْسُ *soleil,* commence avec l'une d'elle.

اَلتَّمْرُ	تَمْرٌ
اَلثَّوْبُ	ثَوْبٌ
اَلدَّرْسُ	دَرْسٌ
اَلذَّوْقُ	ذَوْقٌ
اَلرَّجُلُ	رَجُلٌ
اَلزَّمِيلُ	زَمِيلٌ
اَلسَّلَامُ	سَلَامٌ

77

اَلشَّمْسُ	شَمْسٌ
اَلصَّدِيقُ	صَدِيقٌ
اَلضَّيْفُ	ضَيْفٌ
اَلطَّالِبُ	طَالِبٌ
اَلظَّلَامُ	ظَلَامٌ
اَللَّيْلُ	لَيْلٌ
اَلنُّورُ	نُورٌ

78

Exercices
de lecture
Noms de pays
et de villes
Termes arabes
d'origine française
Termes français
d'origine arabe

تمارين في القراءة

أسماء مدن وبلدان

ألفاظ عربية من أصل فرنسي

ألفاظ فرنسية من أصل عربي

جِنِيفْ - بَارِيسُ - لَنْدَنْ - تُونِسُ

عُمَانُ - مِصْرُ - كَنَدَا - إِفْرِيقِيَا

آسِيَا - أَمْرِيكَا - أُورُوبَا - سُورِيَا

رُوسِيَا - لُبْنَانُ - بَيْرُوتُ - رُومَا

مَدْرِيدُ - إِيطَالِيَا - أَبُوظَبِي - تُرْكِيَا

آذَرْبَيْجَانُ - بَغْدَادُ - أَثِينَا - فَرَنْسَا

بَيْتَ لَحْمَ - عَمَّانُ - اَلْمَغْرِبُ - بُونْ

اَلْخُرْطُومُ - جِدَّةُ - اَلرِّيَاضُ - لَاهَايْ

صَنْعَاءُ - اَلسِّنِغَالُ - اَلسُّودَانُ - قَطَرُ

اَلْأُرْدُنُ - اَلْجَزَائِرُ - أَلْمَانِيَا - مَالِيزِيَا

اَلْقَاهِرَةُ - اَلْكُوَيْتُ - اَلْعِرَاقُ - طَهْرَانُ

لِيبِيَا - دِمَشْقُ - بَاكِسْتَانُ - اَلْهِنْدُ

كِيمِيَا - فِيزِيَا - جَبْرُ - كُحُولُ - سُكَّرُ

أَرُزٌّ - قِيثَارُ - أَمِيرُ الْبَحْرِ - فُوسْفَاتُ

تِكْنُولُوجِيَا - دُكْتُورُ - بِتْرُولُ - تِلِفُونُ

بِيرُوقْرَاطِيَا - تِلِفِزِيُونُ - مِتْرُ - كِيلُومِتْرُ

دِمُقْرَاطِيَةٌ - رَادِيُو - غِرَامُ - كِيلُوغْرَامُ

بِيُولُوجِيَا - جُغْرَافِيَا - مَاكِينَةٌ - بَنْكُ

أُورْكِسْتْرَا - سِمْفُونِيَةٌ - بِيَانُو - دِيوَانُ

سِينَاتُورُ - فَيْلَسُوفُ - أَسْمَنْتُ - سِينَمَا

طَمَاطِمُ - قُنْصُلُ - بَرْلَمَانُ - مَخْزِنُ

قُبْطَانُ - كَارِيكَاتُورُ - لِتْرُ - بُرْتُقَالُ

81

Mots-paires

aux sons paraissant
rapprochés pour chaque
apprenant, selon sa
langue d'origine

أزواج الكلمات

تبدو متقاربة صوتيا

لكل دارس حسب

لغته الأصلية

١٢) ذ - ز	١) أ - ع
١٣) ذ - ظ	٢) أ - هـ
١٤) ر - غ	٣) ت - ط
١٥) ر - ل	٤) ث - ذ
١٦) ز - س	٥) ث - س
١٧) س - ص	٦) ج - ش
١٨) ض - ط	٧) ح - خ
١٩) ع - غ	٨) ح - ع
٢٠) ع - هـ	٩) ح - هـ
٢١) غ - ق	١٠) خ - غ
٢٢) ق - ك	١١) د - ض

أ - هـ (٢)	أ - ع (١)
أَمَلَ - هَمَلَ	أَمَلٌ - عَمَلٌ
بَدَأَ - بَدَهَ	أَلَمٌ - عَلَمٌ
أَوَى - هَوَى	سَأَلَ - سَعَلَ
زَأَرَ - زَهَرَ	جَاءَ - جَاعَ
نَبَّأَ - نَبَّهَ	بَدَأَ - بَدَعَ
أَدَّبَ - هَدَّبَ	تَأَلَّمَ - تَعَلَّمَ
أَزَلُّ - هَزْلُ	بَرَاءَةٌ - بَرَاعَةٌ
تَسَاءَلَ - تَسَاهَلَ	أَرْضٌ - عَرْضٌ

85

ث - ذ (٤)	ت - ط (٣)
نَثَرَ - نَذَرَ	تِينٌ - طِينٌ
نَفَثَ - نَفَذَ	تَيَّارٌ - طَيَّارٌ
ثَابَ - ذَابَ	تَاقَ - طَاقَ
جَثَمَ - جَذَمَ	تَابَ - طَابَ
ثِمَارٌ - ذِمَارٌ	تَرَفَ - طَرَفَ
ثَلَّ - ذَلَّ	ثَبَّتَ - ثَبَّطَ
بَثَّ - بَذَّ	تَمْرٌ - طَمْرٌ
ثَمَّ - ذَمَّ	تَلَا - طَلَا

ج - ش (٦)	ث - س (٥)
جَاءَ - شَاءَ	ثَارَ - سَارَ
جَاعَ - شَاعَ	نَثْرُ - نَسْرُ
جَعَلَ - شَعَلَ	ثَمِينٌ - سَمِينٌ
نَجَرَ - نَشَرَ	مَكَثَ - مَكَسَ
رَجَفَ - رَشَفَ	حَرَثَ - حَرَسَ
بُرْجٌ - بُرْشٌ	أَثَرَ - أَسَرَ
جَمَالٌ - شَمَالٌ	حَدَثٌ - حَدَسٌ
خَرَجَ - خَرَشَ	إِثْمٌ - إِسْمٌ

ح - ع (٨)	خ - ح (٧)
بَحَثَ - بَعَثَ	نَحَبَ - نَخَبَ
شَرَحَ - شَرَعَ	نَفَحَ - نَفَخَ
جَمَحَ - جَمَعَ	حَمَلَ - خَمَلَ
لَمَحَ - لَمَعَ	حَرَقَ - خَرَقَ
نَصَحَ - نَصَعَ	حَدُّ - خَدُّ
مَنَحَ - مَنَعَ	حَلُّ - خَلُّ
سِحْرٌ - سِعْرٌ	حَسُّ - خَسُّ
قَمْحٌ - قَمْعٌ	صَاحِبٌ - صَاخِبٌ

88

خ - غ (١٠)	ح - هـ (٩)
خَمَدَ - غَمَدَ	حَمَلَ - هَمَلَ
خَلَقَ - غَلَقَ	حَزَمَ - هَزَمَ
خَابَ - غَابَ	نَبَحَ - نَبَهَ
خَرَقَ - غَرَقَ	حَدَّدَ - هَدَّدَ
خَرَبَ - غَرَبَ	فَهْمٌ - فَحْمٌ
خَمَرَ - غَمَرَ	شَبَحٌ - شَبَهٌ
خَالٍ - غَالٍ	مِحْنَةٌ - مِهْنَةٌ
خِلَافٌ - غِلَافٌ	نَحْلَةٌ - نَهْلَةٌ

ذ - ز (١٢)	د - ض (١١)
عَذَلَ - عَزَلَ	دَرْبٌ - ضَرْبٌ
بَذَلَ - بَزَلَ	هَدَمَ - هَضَمَ
ذَرَعَ - زَرَعَ	نَقَدَ - نَقَضَ
عَذَبَ - عَزَبَ	رَدَعَ - رَضَعَ
ذُبَالَةٌ - زُبَالَةٌ	وَدَعَ - وَضَعَ
بَدَّ - بَزَّ	خَدَعَ - خَضَعَ
ذَلَّ - زَلَّ	نَهَدَ - نَهَضَ
ذَمَّ - زَمَّ	قِرْدٌ - قِرْضٌ

ر – غ (١٤)	ذ – ظ (١٣)
صَبَرَ – صَبَغَ	نَذَرَ – نَظَرَ
رَبَطَ – غَبَطَ	ذَلَّ – ظَلَّ
رَمَقَ – غَمَقَ	فَذٌّ – فَظٌّ
صَارَ – صَاغَ	عَذَلَ – عَاظَلَ
زَارَ – زَاغَ	حَاذَرَ – حَظَرَ
رَمَزَ – غَمَزَ	ذَرْفٌ – ظَرْفٌ
رَمَى – غَمَى	بَذَّ – بَظَّ
بَرَى – بَغَى	دَفَرُ – ظَفَرُ

ز - س (١٦)	ر - ل (١٥)
زَارَ - سَارَ	سَارَ - سَالَ
رَزَمَ - رَسَمَ	زَارَ - زَالَ
غَزَلَ - غَسَلَ	مَرَّ - مَلَّ
غَمَزَ - غَمَسَ	سَاحِرٌ - سَاحِلٌ
نَزَلَ - نَسَلَ	بَصَرٌ - بَصَلٌ
نَزَفَ - نَسَفَ	جِدَارٌ - جِدَالٌ
حَزَمَ - حَسَمَ	تَكَرَّمَ - تَكَلَّمَ
زَاغَ - سَاغَ	اِسْتِقْرَارٌ - اِسْتِقْلَالٌ

ض - ظ (١٨)	س - ص (١٧)
حَضَرَ - حَظَرَ	سَارَ - صَارَ
نَضَرَ - نَظَرَ	نَسْرٌ - نَصْرٌ
حَضَّ - حَظَّ	سَبَحَ - صَبَحَ
قَرَّضَ - قَرَّظَ	فَسِيحٌ - فَصِيحٌ
ضَنَّ - ظَنَّ	سَيْفٌ - صَيْفٌ
ضَلَّ - ظَلَّ	قَسْرٌ - قَصْرٌ
فَضَّ - فَظَّ	سَلَبَ - صَلَبَ
ضَهْرُ - ظَهْرُ	سَدَّ - صَدَّ

غ - ق (٢٠)	ع - غ (١٩)
غَلَى - قَلَى	بَلَعَ - بَلَغَ
غَلَبَ - قَلَبَ	شَعَلَ - شَغَلَ
غَا مَرَ - قَا مَرَ	طَعَامٌ - طَغَامٌ
غَرِيبٌ - قَرِيبٌ	شَعْبٌ - شَغْبٌ
فَرَغَ - فَرَقَ	عَزَلَ - غَزَلَ
فَغَرَ - فَقَرَ	عَا بَ - غَا بَ
أَلْغَى - أَلْقَى	نَبَعَ - نَبَغَ
نَغَّصَ - نَقَّصَ	شَاعِرٌ - شَاغِرٌ

ق - ك (٢٢)	ع - هـ (٢١)
قَلْبٌ - كَلْبٌ	عَابَ - هَابَ
رَقَدَ - رَكَدَ	شَعْرٌ - شَهْرٌ
قَادَ - كَادَ	جَعَةٌ - جِهَةٌ
نَهِيقٌ - نَهِيكٌ	نَبَعَ - نَبَهَ
رَقِيقٌ - رَكِيكٌ	أَعَانَ - أَهَانَ
سَبَقَ - سَبَكَ	عَامٌّ - هَامٌّ
قَرَّرَ - كَرَّرَ	عَوَى - هَوَى
قُلْ - كُلْ	عَرَّبَ - هَرَّبَ

95

Mots-paires

distingués par la prolongation ou le redoublement

أزواج الكلمات

مميزة حسب

المد أو التشديد

سَاعَدَ - سَعِيدٌ	أُذُنٌ - أُذُونٌ
سَافَرَ - سَفِيرٌ	بَارِدٌ - بَرِيدٌ
شَاعِرٌ - شَعِيرٌ	بَالِغٌ - بَلِيغٌ
طَالَ - طَلَى	بَانَ - بَنَى
طَاوِلَةٌ - طَوِيلَةٌ	ثَامِنٌ - ثَمِينٌ
عَادِلٌ - عَدِيلٌ	جَمَلٌ - جَمَالٌ
عَرَضَ - عَارَضَ	حَادِثٌ - حَدِيثٌ
عَكَسَ - عَاكَسَ	دَانَ - دَنَى
قَادِمٌ - قَدِيمٌ	ذَهَبُ - ذَهَابٌ
قَارِبٌ - قَرِيبٌ	رَابِعٌ - رَبِيعٌ

نَاظِرٌ - نَظِيرٌ	وَصَلَ - وَاصَلَ
فَارِقٌ - فَرِيقٌ	قَدَمَ - قَدَّمَ
بَاشَرَ - بَشَّرَ	قَابَلَ - قَبَّلَ
مَدَى - مَدَّ	فَارَ - فَرَّ
مَالَ - مَلَّ	كَتَبَ - كَاتَبَ
مَاثَلَ - مَثَّلَ	كَاتِبَةٌ - كَتِيبَةٌ
كَفَى - كَفَّ	كَامِنٌ - كَمِينٌ
عَبَرَ - عَبَّرَ	كَتَبْنَ - كَتَبْنَا
شَكَا - شَكَّ	مَاتَ - مَتَى
سَمَا - سَمَّى	مَطَرٌ - مَطَارٌ

99

أَعَادَ – أَعَدَّ	رَبَّى – رَبَّى
آمُرُ – أَمُرُ	رَشَا – رَشَّ
آمَنَ – أَمَّنَ	خَلٌّ – خَالٌ
جَادٌّ – جَدٌّ	حَاوَلَ – حَوَّلَ
بَلَغَ – بَالَغَ – بَلَّغَ	حَمَامٌ – حَمَّامٌ
صَدَرَ – صَادَرَ – صَدَّرَ	حَدٌّ – حَادٌّ
نَامَ – نَمَا – نَمَّ – نَمَى	هَمٌّ – هَامٌّ
قَالَ – قَلَى – قَلَّ	هُنَا – هُنَّ
عَدَا – عَادَ – عَدَّ	اِسْتَعَادَ – اِسْتَعَدَّ
عَامٌ – عَامٌّ – عَمٌّ	اِسْتَقَالَ – اِسْتَقَلَّ

Liste des mots
cités
dans le Manuel

قائمة بالمفردات
الواردة في الكتاب

riz	أَرُزٌّ	puits, pl.	آبَارُ
terre	أَرْضٌ	traces, vestige	آثَارُ
éternité	أَزَلٌ	broques, tuiles	آجُرُ
capturer	أَسَرَ	autre, m.	آخَرُ
ciment	أَسْمَنْتُ	Adam	آدَمُ
marchés	أَسْوَاقٌ	mai	آذَارُ
répéter	أَعَادَ	Araméens	الآرَامِيُّونَ
aider	أَعَانَ	désolé	آسِفٌ
préparer	أَعَدَّ	consoler, réconforter	آسَى
fêtes	أَعْيَادٌ	machine	آلَةُ
éléphants	أَفْيَالٌ	espoirs	آمَالُ
manger	أَكَلَ	j'ordonne	آمُرُ
annuler	أَلْغَى	croire	آمَنَ
jeter, lancer	أَلْقَى	maintenant	الآنَ
douleur	أَلَمٌ	mademoiselle	آنِسَةُ
mère	أُمٌّ	père	أَبُ
je passe	أَمُرَّ	rapporter, relater	أَثَرَ
espoir	أَمَلٌ	générations	أَجْيَالُ
espérer	أَمَلَ	discipliner, punir	أَدَّبَ
assurer	أَمَّنَ	oreille	أُذُنُ
miles	أَمْيَالٌ	autorisations	أُذُونُ

entreprendre	بَاشَرَ	amiral	أَمِيرُ الْبَحْرِ
vendre	بَاعَ	humilier	أَهَانَ
esprit	بَالٌ	orchestre	أُورْكِسْتْرَا
exagérer	بَالَغَ	s'abriter	أَوَى
majeur	بَالِغٌ	péché, faute, crime	إِثْمٌ
être claire	بَانَ	nom	إِسْمٌ
pétrole	بِتْرُولٌ	excepté	إِلَّا
chercher	بَحَثَ	imam	إِمَامٌ
commencer	بَدَأَ	femme	إِمْرَأَةٌ
sembler, paraître	بَدَا	recouvrer, reprendre	اسْتَعَادَ
inventer	بَدَعَ	se préparer	اسْتَعَدَّ
survenir inopinément	بَدَهَ	abdiquer, résilier	اسْتَقَالَ
surpasser	بَذَّ	équilibre, stabilité	اسْتِقْرَارٌ
prodiguer des efforts	بَذَلَ	être indépendant	اسْتَقَلَّ
innocence	بَرَاءَةٌ	indépendance	اسْتِقْلالٌ
ingéniosité	بَرَاعَةٌ	lis (Impératif)	اقْرَأْ
oranges	بُرْتْقَالٌ	creuset, centre	بُؤْرَةٌ
bastion, citadelle	بُرْجٌ	puits, sing.	بِئْرٌ
froid (n.)	بَرْدٌ	porte	بَابٌ
natte (en feuilles de palmier)	بُرْشٌ	passer la nuit	بَاتَ
parlement	بَرْلَمَانٌ	froid, adj.	بَارِدٌ

103

suivre	تَبِعَ	poste	بَرِيدٌ
laisser, partir	تَرَكَ	emporter	بَزَّ
se demander	تَسَاءَلَ	fendre, percer	بَزَلَ
tolérer	تَسَاهَلَ	annoncer une bonne nouvelle	بَشَّرَ
apprendre	تَعَلَّمَ	vue	بَصَرُ
optimisme	تَفَاؤُلٌ	oignions	بَصَلٌ
recevoir, accepter	تَقَبَّلَ	lent	بَطِيءٌ
avoir la bonté de	تَكَرَّمَ	envoyer	بَعَثَ
parler	تَكَلَّمَ	avaler	بَلَعَ
technologie	تكْنُولُوجِيَا	atteindre	بَلَغَ
télévision	تَلْفَزْيُونٌ	communiquer	بَلَّغَ
téléphone	تَلَفُونٌ	éloquent	بَلِيغٌ
dattes	تَمْرٌ	fille	بِنْتٌ
distinction	تَمْيِيزٌ	banque	بَنْكٌ
mûres	تُوتٌ	construire	بَنَى
courant	تَيَّارٌ	hall, parloir	بَهْوٌ
figues	تِينٌ	environnement	بِيئَةٌ
venger qqn	ثَأَرَ	piano	بِيَانُو
recouvrer la santé	ثَابَ	bureaucratie	بِيرُوقْرَاطِيَا
se révolter	ثَارَ	biologie	بِيُولُوجِيَا
huitième	ثَامِنٌ	souffrir	تَأَلَّمَ

104

s'asseoir	جلَسَ	détruire	ثَلَّ
beauté	جمَالٌ	neige	ثَلْجٌ
être récalcitrant/réfractaire	جمَحَ	là, là-bas	ثَمَّ
additionner	جمَعَ	fruits	ثمارُ
chameau	جمَلٌ	précieux	ثَمينٌ
direction	جهَةٌ	vêtement	ثَوْبٌ
génération	جِيلٌ	venir	جاءَ
aiguisé	حادٌّ	sérieux	جادٌّ
appréhender, craindre	حاذَرَ	voisin	جارٌ
condition	حالٌ	avoir faim	جاعَ
essayer	حاوَلَ	algèbre	جبرٌ
limite	حدٌّ	montagne	جبَلٌ
définir, délimiter	حدَّ	être allongé	جثَمَ
événement	حدَثٌ	grand-père	جدٌّ
advenir, se produire, arriver	حدَثَ	mur	جدارٌ
limiter	حدَّدَ	discussion	جدالٌ
moderne, conversation	حديثٌ	entailler	جذَمَ
labourer	حرثَ	partie	جزْءٌ
monter la garde	حرَسَ	bière	جعَةٌ
brûler	حرَقَ	mettre, placer	جعَلَ
emballer	حزَمَ	géographie	جُغْرافِيا

automne	خَرِيفٌ	sentir (action)	حَسٌّ
laitue	خَسٌّ	trancher	حَسَمَ
s'assujettir	خَضَعَ	inciter	حَضَّ
vinaigre	خَلٌّ	assister à	حَضَرَ
différend	خِلَافٌ	être heureux	حَظَّ
créer	خَلَقَ	défendre, interdire	حَظَرَ
se calmer	خَمَدَ	conserver, garder	حفظَ
couvrir	خَمَرَ	lait	حَلِيبٌ
être inerte	خَمَلَ	pigeon	حَمَامٌ
toujours	دَائِماً	bain	حَمَّامٌ
avoir la nausée	دَاخَ	porter	حَمَلَ
maison, habitation	دَارٌ	transformer	حَوَّلَ
tourner	دَارَ	échouer	خَابَ
devoir qqch à qqn	دَانَ	oncle maternel	خَالٌ
entrer	دَخَلَ	vide	خَالٍ
chemin	دَرْبٌ	nouvelle	خَبَرٌ
leçon	دَرْسٌ	joue	خَدٌّ
puanteur, fétidité	دَفَرٌ	tromper	خَدَعَ
docteur	دُكْتُورٌ	sortir	خَرَجَ
démocratie	دِمُقْرَاطِيَةٌ	gratter, égratigner	خَرَشَ
s'approcher	دَنَا	percer	خَرَقَ

quart	رُبْعٌ	maisons, habitations	دُورٌ
zones habitées	رُبُوعٌ	religion	دِينٌ
éduquer, élever	رَبَّى	registre, répertoire	دِيوانٌ
printemps	رَبِيعٌ	fondre	ذَابَ
retourner	رَجَعَ	mèche	ذُبالَةٌ
homme	رَجُلٌ	mesurer; étreindre	ذَرَعَ
rendre, restituer	رَدَّ	couler (larmes), action	ذَرْفٌ
réprimer	رَدَعَ	s'abaisser, s'humilier	ذَلَّ
emballer	رَزَمَ	blâmer	ذَمَّ
dessiner	رَسَمَ	honeur, droits sacrés	ذَمارٌ
arroser	رَشَّ	aller (action)	ذَهابٌ
corrompre	رَشَا	or	ذَهَبٌ
sucer, siroter	رَشَفَ	aller	ذَهَبَ
refuser	رَفَضَ	goût	ذَوْقٌ
lever	رَفَعَ	présidence	رِئاسَةٌ
se coucher	رَقَدَ	président	رَئِيسٌ
mince	رَقِيقٌ	quatrième	رابِعٌ
stagner	رَكَدَ	radio	راديو
faible; sans consistance	رَكِيكٌ	plaider	رافَعَ
symboliser	رَمَزَ	s'accroître	رَبَا
jeter un regard	رَمَقَ	attacher	رَبَطَ

voyager	سَافَرَ	jeter, lancer	رمَى
dévoilé, clair, évident	سَافِرٌ	âme	رُوحٌ
couler	سَالَ	vent	رِيحٌ
nager	سَبَحَ	rugir	زَأَرَ
précéder	سَبَقَ	visiter	زَارَ
façonner	سَبَكَ	s'écarter	زَاغَ
enregistrer	سَجَّلَ	disparaître	زَالَ
magie	سِحْرٌ	immondices	زُبَالَةٌ
barrer	سَدَّ	semer	زَرَعَ
prix	سِعْرٌ	glisser, trébucher	زَلَّ
tousser	سَعَلَ	glisser	زَلِقَ
heureux	سَعِيدٌ	lacer (chaussures)	زَمَّ
dévoiler	سَفَرَ	collègue	زَمِيلٌ
ambassadeur	سَفِيرٌ	étinceler	زَهَرَ
tomber	سَقَطَ	demander, interroger	سَأَلَ
sucre	سُكَّرٌ	question	سُؤَالٌ
adoucir, apaiser	سَكَّنَ	magicien	سَاحِرٌ
paix	سَلَامٌ	côte	سَاحِلٌ
dépouiller	سَلَبَ	marcher, rouler	سَارَ
s'élever	سَمَا	avant-bras	سَاعِدٌ
entendre	سَمِعَ	être agréable à avaler	سَاغَ

peuple	شَعْبُ	symphonie	سمْفُونِيَةُ
cheveu	شَعْرُ	poisson	سَمَكُ
s'enflammer	شَعَلَ	nommer	سمّى
orge	شَعِيرُ	charnue	سَمِينُ
tumulte	شَغَبُ	année	سنَةُ
occuper	شَغَلَ	marché	سُوقُ
douter	شَكَّ	circulation, roulage	سَيْرُ
se plaindre	شَكَا	conduite, comportement	سِيرَةُ
merci	شُكْراً	épée	سَيْفُ
sentir	شَمَّ	sénateur	سِينَاتُورُ
nord	شَمَالُ	vouloir	شَاءَ
soleil	شَمْسُ	poète	شَاعِرُ
mois	شَهْرُ	vacant	شَاغِرُ
chose	شَيْءُ	thé	شَايُ
crier	صَاحَ	fantôme	شَبَحُ
ami	صَاحِبُ	ressemblance	شبْهُ
bruyant	صَاخِبُ	affermir, attacher	شَدَّ
saisir	صَادَرَ	accentuer	شَدَّدَ
devenir	صَارَ	boire	شَرِبَ
façonner	صَاغَ	condition	شَرْطُ
verser	صَبَّ	commencer	شَرَعَ

table	طَاوِلَةٌ	venir chez qqn au matin	صَبَّحَ
paon	طَاوُوسٌ	être patient	صَبَرَ
nourriture	طَعَامٌ	teindre	صَبَغَ
canaille	طَغَامٌ	repousser	صَدَّ
demander	طَلَبَ	paraître (journal)	صَدَرَ
peindre	طَلَى	exporter	صَدَّرَ
tomates	طَمَاطِمُ	ami	صَدِيقٌ
longueur	طُولٌ	monter	صَعِدَ
longue	طَوِيلَةٌ	zéro	صِفْرُ
pilote	طَيَّارٌ	crucifier	صَلَبَ
argile	طِينٌ	voix	صَوْتُ
amabilité, enveloppe	ظَرْفُ	été	صَيْفٌ
triomphe, succès, victoire	ظَفَرُ	frapper	ضَرَبَ
ongle, griffe	ظُفْرُ	frapper (action)	ضَرْبُ
rester	ظَلَّ	s'égarer	ضَلَّ
obscurité	ظَلَامٌ	épargner	ضَنَّ
penser, croire que	ظَنَّ	crête d'une montagne	ضَهْرُ
dos	ظَهْرُ	invité	ضَيْفٌ
apparaître	ظَهَرَ	être capable de	طَاقَ
reprocher	عَابَ	s'allonger	طَالَ
retourner	عَادَ	étudiant	طَالِبٌ

isoler	عَزَلَ	égaler, équivaloir	عَادَلَ
empêcher	عَضَلَ	juste	عَادِلُ
avoir soif	عَطِشَ	chercher refuge	عَاذَ
pardon!	عَفْواً	s'opposer	عَارَضَ
refléter	عَكَسَ	se répéter	عَاظَلَ
être haut	عَلَا	contrarier	عَاكَسَ
drapeau	عَلَمُ	monde	عَالَمُ
enseigner	عَلَّمَ	année	عَامُ
oncle paternel	عَمُّ	général, adj.	عَامُّ
se peupler	عَمَرَ	traverser	عَبَرَ
travail	عَمَلُ	exprimer	عَبَّرَ
agent	عَمِيلُ	compter	عَدَّ
baguette	عُودُ	courir	عَدَا
aboyer (chacal)	عَوَى	juger	عَدَلَ
fête	عِيدُ	égal	عَدِيلُ
œil	عَيْنُ	empêcher	عَذَبَ
s'absenter	غَابَ	réprimander	عَذَلَ
mettre en colère	غَاظَ	largeur	عَرْضُ
coûteux	غَالٍ	exposer	عَرَضَ
risquer	غَامَرَ	savoir, connaître	عَرَفَ
envier	غَبَطَ	s'éloigner	عَزَبَ

111

écart, différence	فَارِقٌ	gramme	غرَامٌ
déborder	فَاضَ	s'en aller, se coucher (astre)	غرَبَ
jeune fille	فَتَاةٌ	ouest	غرْبٌ
ouvrir	فَتَحَ	planter	غرَسَ
examiner	فَحَصَ	se noyer	غرِقَ
charbon	فَحْمٌ	étranger, étrange	غرِيبٌ
gloire, honneur	فَخْرٌ	filer	غزَلَ
exceptionnel	فَذٌّ	laver	غسَلَ
s'enfuir	فَرَّ	enveloppe	غلَافٌ
trier	فَرَزَ	battre, dominer	غلَبَ
faire un lit, étaler	فَرَشَ	fermer	غلَقَ (أَغْلَقَ)
vider, achever	فَرَغَ	bouillir	غلَى
différencier, distinguer	فَرَقَ	remettre (l'épée)	غمَدَ
fourrure	فَرْوٌ	inonder	غمَرَ
équipe	فَرِيقٌ	faire signe	غمَزَ
spacieux	فَسِيحٌ	enfoncer	غمَسَ
séparer	فَصَلَ	être humide	غمِقَ
classe, chapitre	فَصْلٌ	toit, fournir un (maison)	غمَى
éloquent	فَصِيحٌ	souris	فَأْرٌ
dispersion	فَضٌّ	catégorie, classe	فِئَةٌ
préférer	فَضَّلَ	bouillonner	فَارَ

112

capitaine	قُبْطَانُ	amabilité, bonté	فَضْلٌ
embrasser	قَبَّلَ	abrupt	فَظٌّ
pied	قَدَمٌ	ouvrir la bouche, béer	فَغَرَ
devancer	قَدَمَ	percer	فَقَرَ
présenter	قَدَّمَ	bouche	فَمٌ
vieux, ancien	قَدِيمٌ	comprendre	فَهِمَ
le Coran	اَلْقُرْآنُ	compréhension	فَهْمٌ
lire	قَرَأَ	phosphate	فُوسْفَاتُ
singe	قِرْدٌ	serviettes	فُوَطٌ
décider	قَرَّرَ	serviette	فُوطَةٌ
piquer	قَرَصَ	fèves	فُولُ
disque	قُرْصٌ	physique	فِيزِيَا
couper, retrancher en coupant	قَرَضَ	éléphant	فِيلٌ
crédit	قرْضٌ	philosophe	فَيْلَسُوفٌ
faire l'éloge	قَرَّظَ	rencontrer	قَابَلَ
siècle	قَرْنٌ	conduire	قَادَ
proche	قَرِيبٌ	prochain	قَادِمٌ
coercition	قَسْرٌ	barque, canot	قَارِبٌ
diviser, distribuer	قَسَّمَ	juge	قَاضٍ
château	قَصْرُ	dire	قَالَ
sauter, bondir	قَفَزَ	hasarder	قَامَرَ

écrire	كَتَبَ	diminuer	قَلَّ
elles ont écrit	كَتَبْنَ	dis (impératif)	قُلْ
nous avons écrit	كَتَبْنَا	retourner, inverser	قَلَبَ
alcool	كُحُولٌ	cœur	قَلْبٌ
répéter	كَرَّرَ	stylo, crayon	قَلَمٌ
chaise	كُرْسِيٌّ	frire	قَلَى
dévoiler, découvrir	كَشَفَ	blé	قَمْحٌ
cesser, faire	كَفَّ	lune	قَمَرٌ
assurer, garantir	كَفَلَ	répression	قَمْعٌ
suffir	كَفَى	consul	قُنْصُلٌ
mange (impératif)	كُلْ	aliment, nourriture	قُوتٌ
chien	كَلْبٌ	guitare	قِيثَارٌ
embuscade	كَمِينٌ	valeurs	قِيَمٌ
sois (impératif)	كُنْ	valeur	قِيمَةٌ
coupe	كُوبٌ	correspondre	كَاتَبَ
cabas, bourse	كِيسٌ	être sure le point de	كَادَ
comment	كَيْفَ	caricature	كَارِيكَاتُورُ
kilogramme	كِيلُوغرَامُ	suffisant	كَافٍ
kilomètre	كِيلُومتْرُ	caché, latent	كَامِنٌ
chimie	كِيمِيَا	agrandir	كَبَّرَ
nécessaire, obligatoire	لَازِمٌ	livre	كِتَابٌ

prolonger	مَدَّدَ	s'habiller	لَبِسَ
ampleur	مَدَى	litre	لِتْرٌ
ville	مَدِينَةٌ	asile, recours	لُجُوءٌ
passer	مَرَّ	jouer	لَعِبَ
miroir, glace	مِرْآةٌ	apercevoir	لَمَحَ
bienvenue!	مَرْحَباً	briller	لَمَعَ
tomber malade	مَرِضَ	nuit	لَيْلٌ
souple	مَرِنٌ	abri, asile	مَأْوى
déchirer	مَزَّقَ	eau	مَاءٌ
toucher	مَسَّ	mourir	مَاتَ
question	مَسْأَلَةٌ	ressembler	مَاثَلَ
aéroport	مَطَارٌ	machine	مَاكِينَةٌ
pluie	مَطَرٌ	mètre	مِتْرٌ
rester	مَكَثَ	quand (interrogatif)	مَتَى
percevoir les impôts	مَكَسَ	exemple, proverbe	مَثَلٌ
se lasser	مَلَّ	représenter	مَثَّلَ
qui (interrogatif)	مَنْ	avocat	مُحَامٍ
octroyer	مَنَحَ	affliction	مِحْنَةٌ
empêcher, défendre	مَنَعَ	entrepôt, magasin	مَخْزَنٌ
profession	مِهْنَةٌ	être dans l'erreur	مُخْطِئٌ
denrées, matériaux	مَوَادٌ	allonger	مَدَّ

s'épuiser	نَزَفَ	bananes	مَوْزٌ
descendre	نَزَلَ	mile	مِيلٌ
tisser	نَسَجَ	dormir	نَامَ
vautour	نَسْرٌ	feu	نَارٌ
faire exploser	نَسَفَ	accabler qqn	نَاصَبَ
changer de poils, plumes	نَسَلَ	spectateur	نَاظِرٌ
oublier	نَسِيَ	nouvelle,	نَبَأً
publier, répandre	نَشَرَ	informer, communiquer	نَبَّأً
arborer, dresser	نَصَبَ	aboyer	نَبِحَ
conseiller	نَصَحَ	jaillir (eau)	نَبَعَ
victoire	نَصْرٌ	apparaître, émerger	نَبَغَ
être pur, clair	نَصَعَ	être célèbre, connu	نَبُهَ
briller	نَضَرَ	avertir	نَبَّهَ
prononcer	نَطَقَ	disperser	نَثَرَ
regarder	نَظَرَ	prose	نَثْرٌ
homologue	نَظِيرٌ	réussir	نَجَحَ
oui	نَعَمْ	façonner, travailler (le bois)	نَجَرَ
dépiter, décevoir	نَغَّصَ	se lamenter	نَحَبَ
souffler	نَفَثَ	abeille	نَحْلَةٌ
gonfler	نَفَحَ	choisir	نَخَبَ
être épuisé (livre)	نَفَدَ	consacrer, vouer	نَذَرَ

menacer	هَدَّدَ	transpercer	نَفَذَ
démolir	هَدَمَ	picorer, critiquer	نَقَدَ
calme, silence	هُدُوءُ	graver	نَقَشَ
mettre en fuite	هَرَّبَ	s'amoindrir	نَقَصَ
s'enfuir	هَرَبَ	abîmer, abroger	نَقَضَ
plaisanterie, badinage	هَزْلُ	transporter	نَقَلَ
vaincre	هَزَمَ	pur, limpide	نَقِيُّ
digérer	هَضَمَ	révéler	نَمَّ
préoccupation	هَمُّ	se développer	نَمَا
verser des armes	هَمَلَ	développer	نَمَّى
elles	هُنَّ	s'arrondir	نَهَدَ
ici	هُنَا	se lever	نَهَضَ
air	هَوَاءُ	gorgée	نَهْلَةُ
chuter	هَوَى	braiment	نَهِيقُ
préparer	هَيَّأَ	farouche	نَهِيكُ
continuer	وَاصَلَ	lumière	نُورُ
trouver	وَجَدَ	avoir l'intention	نَوَى
visage	وَجْهُ	joug	نِيرُ
aimer, affectionner	وَدَّ	craindre	هَابَ
laisser	وَدَعَ	important	هَامُّ
dire au revoir	وَدَّعَ	franger	هَدَّبَ

117

arriver	وَصَلَ
poser	وَضَعَ
garçon	وَلَدُ
dessécher, sécher	يَبِسَ
main	يَدُ
jour	يَوْمٌ

Liste des pays et villes cités dans le Manuel

قائمة بأسماء البلدان والمدن الواردة في الكتاب

Maroc	اَلْمَغْرِبُ	Azerbaïdjan	آذرِبَيْجَانُ
Inde	اَلْهِنْدُ	Asie	آسِيَا
Paris	بَارِيسُ	Abu Dabi	أَبُوظَبْي
Pakistan	بَاكِسْتَانُ	Athènes	أَثِينَا
Baghdad	بَغْدَادُ	Allemagne	أَلْمَانِيَا
Bonn	بُونْ	Amérique	أَمْرِيكَا
Bethléem	بَيْتَ لَحْمُ	Europe	أُورُوبَا
Beyrouth	بَيْرُوتُ	Afrique	إِفْرِيقِيَا
Turquie	تُرْكِيَا	Italie	إِيطَالِيَا
Tunisie	تُونِسُ	Jordanie	اَلْأُرْدُنُ
Djeddah	جَدَّةُ	Algérie	اَلْجَزَائِرُ
Genève	جِنِيفْ	Khartoum	اَلْخُرْطُومُ
Damas	دِمَشْقُ	Riyad	اَلرِّيَاضُ
Russie	رُوسِيَا	Sénégal	اَلسِّنْغَالُ
Rome	رُومَا	Soudan	اَلسُّودَانُ
Syrie	سُورِيَا	Irak	اَلْعِرَاقُ
Sana	صَنْعَاءُ	Le Caire	اَلْقَاهِرَةُ
Téhéran	طَهْرَانُ	Koweit	اَلْكُوَيْتُ

120

Amman	عَمَّانُ
Oman	عُمَانُ
France	فَرَنْسَا
Qatar	قَطَرُ
Canada	كَنَدَا
La Haye	لَاهَايْ
Liban	لُبْنَانُ
Londres	لَنْدَنُ
Libye	لِيبِيَا
Malaysie	مَالِيزِيَا
Madrid	مَدْرِيدُ
Egypte	مِصْرُ